RIO DE JANEIRO.

PASSÉ ET PRÉSENT DU BRÉSIL

Une tempête jeta, le 24 avril 1500, le Portugais Pedro Alvarez Cabral sur la côte est, jusqu'alors inconnue, du Sud-Amérique. Il en prit possession au nom du roi Emmanuel le Fortuné et l'appela Terra da Santa Cruz. Le Portugal acquérait ainsi, du droit de premier occupant, dans le Nouveau Monde, un territoire de 800 milles de littoral, dont les richesses naturelles, surtout en minéraux et végétaux, étaient considérables. Il ne sut pas en tirer parti tout d'abord. Chaque année, on se borna exclusivement à y envoyer deux vaisseaux emportant la lie de la population européenne, des criminels libérés, des gens sans aveu, hommes et femmes, ceux que l'on exécrait alors, tels les Juifs, ceux que l'Inquisition n'envoyait pas au bûcher, par dernière miséricorde, mais déportait à Madère. Ce furent les premiers colons du Brésil, auxquels se joignirent quelques aventuriers. Au bout d'un demi-siècle l'Europe fixa tout à coup les yeux sur ce rebut de sa civilisation. On apprit à Lisbonne que les terres lointaines où l'on avait transporté ces misérables étaient extrêmement fertiles, que la canne à sucre, importée par les Madérois, y donnait des rendements admirables. Aussi Jean III décida-t-il de mettre enfin à profit cette colonie jusqu'à ce moment complètement négligée, tout l'effort des Portugais se portant vers les Indes orientales. En 1503, Christophao Jacques avait découvert la baie de Bahia, où Diégo Alvarez Correa fonda ensuite un établissement. Jean III chargea, en 1549, Thomas de Sousa d'y bâtir une ville, San-Salvador de Bahia. Les Jésuites apportèrent leur concours à cette œuvre de pénétration des institutions civilisées parmi les naturels. Le roi, pour favoriser l'expansion coloniale, accorda aux nobles portugais entreprenants le privilège de s'arroger dans la Terre de Sainte-Croix la propriété d'immenses étendues de pays, à la seule condition de les mettre en culture ou en exploitation. Au siècle suivant, en 1624, les

Hollandais, grâce à l'inertie et à l'incurie de la métropole portugaise, s'emparèrent de la ville de Bahia et, six ans après, de toute la province de ce nom, en poussant leur conquête jusqu'à Pernambuco. En 1637, le stathouder Maurice de Nassau entreprend de soumettre à la République des Provinces-Unies la moitié de tout le Brésil portugais, c'est-à-dire toutes les régions déjà prospères sur le littoral, et il y réussit. La maison de Bragance, en montant sur le trône de Portugal, sanctionna par un traité ce coup de main. Cependant, les propriétaires du sol, n'admettant point qu'un instrument diplomatique les dépouille purement et simplement de leurs biens, se révoltent. Cromwell seconde secrètement cette insurrection contre les Hollandais, et Lisbonne, de son côté, lui prête aussi, occultement, son appui. Un homme d'audace et d'énergie se met à la tête de la révolution, Cavalcante, livre plusieurs combats heureux aux Bataves, et les force, en 1654, à capituler. L'Angleterre intervient comme médiatrice, et la Hollande renonce, en 1661, à tout droit sur le Brésil, moyennant une indemnité de 8 millions 750,000 francs (350,000 livres sterling).

Une nouvelle ère s'ouvre alors pour la colonie brésilienne, où, dès 1698, on découvrit les premières mines d'or. Mais le gouvernement portugais ne fit presque rien pour améliorer la condition matérielle et morale des Indiens Guaranys, naturels du Brésil. Imitant le procédé de l'Espagne dans ses relations avec l'Amérique, il ne visa qu'à épuiser les trésors que lui offrait la terre, en laissant le Brésil à la merci des *donatorios* (bénéficiaires du sol) et des *conquistadores* (aventuriers), qui ne firent que susciter la haine de l'étranger. Cette politique ne pouvait produire que les résultats les plus funestes. La population indigène se trouvait réduite à la misère, tandis que ses maîtres, des favoris de la couronne, accaparaient toutes les productions et faisaient des fortunes colossales. Celles-ci s'accrurent encore par la découverte des régions diamantifères, en 1730. L'arbitraire le plus absolu pesa en même temps sur le pays ainsi livré à quelques protégés des rois portugais, qui n'étaient au fond que leurs copartageants du butin. Quand, en 1808, la cour vint se fixer à Rio de Janeiro, la situation aurait pu changer; mais les animosités étaient invétérées. Les Brésiliens, indépendants par caractère, ne tinrent pas compte des progrès de la colonie, qui gagnait à la vérité en extension économique par l'augmentation des importations et des exportations. Ils voulaient être autonomes, d'autant plus qu'ils étaient administrés par des créatures du pouvoir, qu'on les frappait d'impôts de plus en plus élevés, que, dans leurs griefs contre les Européens, c'était à ces derniers que les tribunaux prêtaient l'oreille, qu'enfin le droit régalien s'exerçait iniquement sur les mines d'or et de diamants, et que le commerce des esclaves mettait obstacle à l'activité des hommes libres. D'autre part, l'affranchissement des anciennes colonies espagnoles ne manquait point d'éveiller des comparaisons, pendant que les idées démocratiques étaient répandues par des politiciens, en opposition avec la royauté. Les troupes brésiliennes entrèrent en contact avec les Argentins, déjà constitués en République, quand Jean VI, pour se dédommager du refus de restitution d'Olivenza en 1815 par l'Espagne, investit Montevideo. Une émeute républicaine éclata à Pernambuco en avril 1817 et, quoique étouffée, donna le signal des événements qui allaient se précipiter. La cour résista jusqu'en 1821 au mouvement, mais, à la suite des nouveaux troubles d'avril, le roi s'embarqua, cette même année, avec sa famille pour Lisbonne, laissant la régence du Brésil au prince héritier Dom Pedro. Celui-ci, plus porté pour les Brésiliens que pour les Portugais, et voulant sauvegarder de l'anarchie le pays dont les destinées étaient entre ses mains, refusa de souscrire à la volonté des Cortès portugaises, qui prétendaient maintenir la suprématie du Portugal sur le Brésil sans donner à la colonie une existence nationale. Il convoqua une Assemblée brésilienne à Rio et accepta, le 18 décembre 1822, la couronne impériale que lui offrirent les députés. La constitution qu'il promulgua déclarait que le Brésil se séparait définitivement du Portugal,

Cette solution ne donnait pas satisfaction aux républicains. Le nouvel empereur n'avait ni les sympathies de son peuple, qui ne voyait en lui qu'un Portugais, ni celles de l'Europe, qui le considérait comme un usurpateur. A l'intérieur comme à l'extérieur, les difficultés étaient graves. Elles ne furent apaisées partiellement que lorsque, en 1824, Dom Pedro Ier accepta le pacte libéral qui donnait au pouvoir législatif l'autorité réelle en abrogeant le droit de *veto* de la couronne et en supprimant tous les privilèges. Le soulèvement de Pernambuco démontra, toutefois, que pour les esprits avancés, dans le parti anarchiste, l'attitude de l'empereur n'était qu'une concession obligée, mais non sincère, au courant des idées. On ne lui sut pas gré d'avoir, à la mort de son père, après quelques mois de gouvernement du Portugal, abdiqué la couronne d'Europe en faveur de sa fille, Dona Maria da Gloria, et on lui reprocha d'avoir l'intention de soutenir le trône menacé de la jeune reine en lui apportant l'appui des armes brésiliennes. Il céda pour la seconde fois à l'opinion, constitua un ministère où n'entraient que des Brésiliens purs et sacrifia tout aux aspirations nationales. Cette générosité fut mal interprétée. Enfin Dom Pedro Ier, las du sceptre, comprenant que l'âme du Brésil n'était pas avec lui, abdiqua, laissant pour successeur son jeune fils Dom Pedro II, âgé de neuf ans, et alla méditer en Europe sur le passé et l'avenir de cet empire sud-américain que son énergie et la sincérité de ses intentions n'avaient pu, en neuf années (de 1822 à 1831), pacifier un seul jour.

La régence fut confiée à Francisco de Lima, l'un des membres les plus influents de la Chambre brésilienne. L'empire héréditaire, fondé et organisé avec la dynastie de Bragance par les actes de 1824, 1834, 1840, dura jusqu'en 1889; mais les cinquante-huit ans de règne de Dom Pedro II ne marquèrent dans l'histoire que comme une période d'incessante tourmente; tel un volcan qui, n'étant pas éteint, menace continuellement d'éruption. Dès le départ de Dom Pedro Ier, les dissensions, les luttes à outrance entre *faroupilhas* (républicains) et *caramuros* (monarchistes) se renouvelèrent, et durant cette époque si longue d'un pouvoir éclairé aux mains d'un souverain de haute intelligence incontestée, aucun des partis ne désarma. La proclamation définitive de la République, le 25 février 1891, à la suite de la révolution militaire qui avait renversé Dom Pedro II en 1889 et porté au pouvoir le maréchal da Fonseca, n'a pas mis fin aux antagonismes, comme des événements récents l'ont démontré.

C'est que les ferments révolutionnaires entrés dans l'organisme de ces États sud-américains à leur naissance demeurent vivaces, et que les divers éléments qui s'y heurtent seront, sans doute, encore longtemps indéracinables. Ces Républiques fédératives de provinces nombreuses, ayant chacune leurs intérêts distincts, leurs ambitions propres, ne peuvent vraisemblablement avoir entre elles de lien assez solide pour cimenter leur paix commune. L'unité de semblables associations ne résulte, en fait, que d'une entente séculaire. L'histoire de l'Europe en offre l'enseignement. Les rivalités de Florence, de Gênes, de Milan, de Venise, de Rome en Italie, celles des subdivisions féodales en France et en Allemagne au moyen âge, opposèrent pendant sept ou huit cents ans des obstacles à la constitution des mécanismes politiques qui existent aujourd'hui dans ces divers pays. Et l'unité française, l'unité allemande, l'unité italienne ne se sont fondées que grâce à des événements dans lesquels le particularisme a été absorbé par la centralisation. Le Brésil n'est encore qu'une fédération nominale, et le présent y reste prisonnier du passé. Il n'y a pas de cohésion véritable entre ces États-Unis institués par le maréchal da Fonseca. M. Prudente da Moraes, le président actuel, en a eu la preuve même avant son avènement, lorsque le Matto-Grosso se détacha un instant, dès 1892, de l'union pour se convertir en république transatlantique autonome. Les conflits dans le Ceara, dans le Rio Grande do Sul, dans d'autres provinces, celui tout récent à Rio, témoignent de l'inexistence de la concorde dans les tendances non seulement des États foncièrement séparatistes mais aussi dans les opinions se laissant dominer par les vues intéressées et intransigeantes. Aussi, tant qu'il sera possible qu'au Brésil une agitation militaire dicte la loi à la République et s'impose par la violence, rien de stable ne saurait y faire à un gouvernement, quelle que soit sa forme, des assises capables de résister à un coup de surprise ou de force (1).

**

C'est ce pays où politiquement le sol tremble depuis plus de trois siècles qu'a visité, avant la chute de l'empire brésilien, un observateur sans préjugés, M. le comte Charles d'Ursel, dont on lira plus loin les pages pleines de remarques judicieuses, à la fois fines et spirituelles (2).

Dans ce tableau de la vie sociale, économique, politique, intellectuelle, où les hommes, les mœurs et les faits vivent sous les yeux du lecteur, il y a surtout deux qualités qui captivent : le peintre ne s'est pas laissé entraîner par son imagination, il a reproduit exactement ce qu'il a vu ; le critique n'a pas craint de dire la vérité, telle qu'elle s'est offerte à lui.

Charles SIMOND.

(1) Signalons ici également la curieuse insurrection de fanatiques soulevés par Antonio Conselheiro, qui se disait envoyé de Dieu ; le gouvernement fédéral n'en vint à bout qu'après une lutte acharnée de six mois, dont l'issue fut la prise du repaire de Canudos et la mort du chef insurgé (septembre 1897).
(2) L'ouvrage auquel sont empruntés les extraits qui suivent a pour titre : *Sud-Amérique, séjours et voyages*, par le comte Charles D'URSEL (4e édit. Paris, E. Plon, Nourrit et Cie).

SÃO PAULO.

LE BRÉSIL

I

RIO DE JANEIRO.

Au moment où l'homme de quart « piquait » minuit, nous entrions dans la rade de Rio de Janeiro (1). En pénétrant dans la baie, on éprouve une singulière impression de serre chaude : l'air est tiède, embaumé, surchargé de vapeurs, et cette douce température contraste vivement avec la brise de mer, dont la fraîcheur vient de disparaître.

Vu l'heure avancée, nous ne pouvions débarquer. Ce soir-là, je restai longtemps à regarder, dans la demi-obscurité, le paysage qui se dessinait vaguement sous mes yeux : des éclairs de chaleur embrasaient le ciel par saccades, renforçant à l'horizon les hautes silhouettes des montagnes, tandis qu'à droite et à gauche les nombreuses lumières de Rio et de Nichteroy se reflétaient dans l'eau avec mille scintillements.

Tout cela, c'était l'inconnu, le nouveau, se présentant à mon

(1) La ville de Rio de Janeiro renferme actuellement une population d'environ 500,000 habitants au moins; elle a été fondée en 1567. En 1891, le congrès a décidé, en principe, de transférer la capitale du Brésil à une grande distance dans l'intérieur des terres, dans une région assainie, sur un plateau, mais cet événement mettra certainement quelque temps à se réaliser. (C. S.)

imagination sous l'aspect fantaisiste des idées imparfaites puisées dans les descriptions diverses. J'avais hâte de voir, et je regrettais cependant de quitter ce navire, qui me semblait être une parcelle du pays déjà si loin!

Le lendemain, dès la première heure, après avoir donné un coup d'œil d'admiration à cette baie immense, entourée de montagnes aux contours bizarres, aux crêtes brisées, couvertes d'une brillante végétation, je descendais en canot et me faisais débarquer dans le port.

Des rues étroites, des maisons sans apparence, de beaux jardins, une grande animation, un monde bruyant, affairé, de toutes couleurs, des soldats noirs, gênés dans leurs uniformes, des négresses de six pieds, beaucoup de parapluies faisant l'office de parasols, voilà ce qu'une course rapide en tramway me permet à peine d'entrevoir en m'emportant vers l'hôtel *dos Estrangeiros*.

La chaleur; on me dit qu'elle est accablante : tout le monde s'en plaint et s'évente, mais je m'attendais, je l'avoue, à bien autre chose; je jouis, à ce qu'il paraît, d'un privilège commun aux nouveaux débarqués : les tissus de la peau, encore habitués au froid, sont moins accessibles aux effets de cette température élevée; mais on ne perd rien pour attendre, et cette heureuse influence cessera malheureusement bientôt de se faire sentir.

Cependant j'avais hâte de pouvoir parcourir la ville, dont l'aspect si nouveau pour moi m'attirait. Le centre de l'animation est la *rua Ouvidor*, rue des boutiques élégantes, lieu d'où se colportent les nouvelles, but de promenade, prétexte à flâneries; elle est si étroite que les enseignes, placées perpendiculairement aux maisons, s'entre-croisent au-dessus de la tête, formant un véritable réseau.

Que dire de cette population de toutes teintes, variant entre le café au lait et le noir d'imprimerie, qui circule et se presse dans les rues et sur les quais? Les fils de Cham auraient-ils par hasard l'infirmité de ne pouvoir penser que tout haut?... Le fait est que beaucoup d'entre eux se livrent, en marchant, à de longs monologues qu'ils interrompent pour se saluer bruyamment quand ils se rencontrent. En voici un, vêtu en homme civilisé : il est coiffé d'un chapeau gris et raide dans son faux col; il se dandine agréablement avec cet air à la fois important et bon enfant qui caractérise sa race. A côté de lui passe en chantant son frère et congénère le portefaix, tête nue, portant derrière les oreilles, dans ses cheveux crépus, des cigarettes à moitié fumées, des allumettes et des cure-dents. Vêtu de quelques lambeaux de grosse toile, il laisse à nu des bras et des jambes qui, par la force et la couleur, rappellent le bronze.

Plus loin une affreuse vieille, à la chevelure remplie de vermine, aux lèvres démesurément épaisses, fume philosophiquement la pipe et regarde passer avec dédain une petite négresse pimpante, tirée à quatre épingles, qui a mis une fleur écarlate dans ses cheveux laineux, et est arrivée, ô prodige! à se faire une raie!... Elle est vêtue d'un corsage éblouissant en satin vert, d'une jupe de mousseline blanche, et se promène avec l'air d'une personne habituée à faire des conquêtes!...

Mais le triomphe du genre est aux négresses de Milna. N'était le visage, ce sont de superbes femmes, je dirais plus volontiers des cariatides, tant leur air est majestueux, tant leurs formes sont colossales. Presque toutes sont marchandes de fruits et de légumes; elles surveillent leur étalage, accroupies sur le pas des portes ou sur la place du Marché. Leur tête est rasée, mais un énorme turban dissimule ce détail jusqu'au moment où quelque violente démangeaison décide ces dames à se découvrir pour chasser l'importun. Elles montrent à l'étranger ébloui toutes les séductions d'une peau d'ébène; leur cou et leurs bras sont ornés de coraux qui ressortent singulièrement sur ce teint foncé; et quand elles marchent, portant sur la tête un fardeau, elles jettent sur leurs épaules nues un châle si élégamment drapé qu'on croirait voir passer des statues antiques.

Tout à coup, j'entends derrière moi un grand tapage, des cris et des chants cadencés : rangeons-nous, pour faire place à cinq ou six nègres transportant, au refrain d'une chanson africaine, de lourds ballots que leurs robustes épaules soutiennent avec aisance. A chaque instant, pour éviter d'être écrasé, il faut se dissimuler contre les murs, et livrer passage à un tilbury à la capote relevée, dont le conducteur, sans souci du piéton, dirige la marche rapide sur un pavé dur et inégal.

L'histoire raconte que du temps de la grande Catherine, tout homme qui, en Russie, tenait à être bien en cour, portait par les plus grands froids des habits de nankin, comme pour attester que la température était des plus douces. C'est sans doute par un sentiment de vanité patriotique du même genre que l'usage est établi de se vêtir à Rio de la façon la moins confortable; au dehors, le chapeau à haute forme et les vêtements noirs sont presque de rigueur. Mais on se dédommage chez soi de cette mode tyrannique, et, une fois rentré, on se hâte d'endosser des vêtements blancs et de se chausser de pantoufles.

Les femmes en général sortent peu, mais elles sont loin de rester étrangères à ce qui se passe en ville. Dès que la chaleur du jour a un peu diminué, on voit successivement les fenêtres s'ouvrir, les persiennes se soulever, et une tête curieuse se mettre en observation jusqu'à la fin du jour.

Au reste, le spectacle de la rue ne manque pas de variété à ce moment, surtout dans les principales artères : c'est l'heure de la grande circulation, et la physionomie de Rio est vraiment alors rendue caractéristique par la quantité de tramways qui circulent de tous côtés, emmenant vers les faubourgs une partie notable des habitants. Sous un pareil climat, c'est un véritable bienfait d'être ainsi promptement et commodément transporté. L'égalité la plus démocratique existe sur les bancs de bois de ces voitures, où l'élégante *baronessa* coudoie sans hésiter le dernier des esclaves. Ce moyen de locomotion, établi seulement depuis peu d'années, a permis à toutes les personnes jouissant d'une petite fortune d'aller habiter les faubourgs, qui sont situés à plusieurs kilomètres du centre de la ville.

Aujourd'hui, le commerce et les affaires sont groupés dans la cité proprement dite : les faubourgs sont un refuge où l'on oublie, le soir, dans d'élégantes villas, derrière les palmiers, le brouhaha des rues pleines de monde et la fiévreuse agitation de la Bourse.

Les soirées ne sont pas cependant, pour tout le monde, le moment consacré à jouir de la fraîcheur; car, malgré une chaleur de 35 à 40 degrés centigrades, beaucoup de personnes osent affronter les théâtres, dont quelques-uns font tous les jours salle comble. Un des plus appréciés par la jeunesse dorée de la ville est l'Alcazar; il est indispensable d'aller là pour étudier sur le vif certaines mœurs brésiliennes en contact avec les grandes manifestations de la civilisation.

L'autre jour, j'assistais à une première représentation de la *Vie parisienne;* la foule était grande, mais une certaine anxiété se lisait sur plus d'un visage. Il y a, en effet, dans cette pièce un Brésilien trop en évidence, dont le rôle pouvait froisser la susceptibilité de quelques-uns de ses compatriotes. L'administration inquiète avait bien songé à en faire un Péruvien; mais un ministre du Pérou venait d'être accrédité au Brésil. En fin de compte, pour éluder cette grave difficulté, on en a fait un Bolivien. L'actrice à la mode fut couverte de fleurs, de bouquets, et, suivant l'usage local, ses adorateurs firent pleuvoir sur elle, à plusieurs reprises, des paniers remplis de roses effeuillées. L'opposition a bien envoyé à ses pieds quelques œufs frais, l'équivalent de nos pommes cuites; mais la police y a mis bon ordre, et, somme toute, la *Vie parisienne,* jouée sur le sol antique des *Guaranys,* y fera sans doute aussi sa centième représentation.

Voilà un spécimen de nos plaisirs du soir. — Le jour, je ne me lasse pas de contempler, des fenêtres de mon hôtel, situé à *Botafogo,* le magnifique spectacle de l'entrée de la baie sillonnée de navires, grands ou petits, qui partent ou qui arrivent.

C'est encore un véritable événement que l'entrée en rade des paquebots venant d'Europe : au moment où ils jettent l'ancre, lâchant la vapeur qui siffle et tourbillonne, ils semblent tout essoufflés de leur longue course de deux mille lieues. Ils sont notre lien avec les absents, car ils nous apportent les nouvelles attendues et inattendues, vieilles déjà de trois semaines; mais qu'importe? le courrier est toujours impatiemment désiré!

Vers le milieu de l'année, le monde élégant quitte ses villégiatures pour venir s'installer à Rio et y jouir, de mai à décembre, de la température charmante des mois d'hiver.

Alors aussi commence la période brillante de la vie *fluminense*. Ce nom étrange est l'attribut de tout ce qui est de Rio; ainsi ses habitants sont les *fluminenses,* et c'est le qualificatif indispensable

BAIE DE BOTAFOGO (RIO DE JANEIRO).

de toutes les sociétés, de toutes les entreprises, de tous les produits de la capitale. L'origine de ce nom remonte aux premiers Européens qui débarquèrent dans cette magnifique baie : ils crurent être arrivés à l'embouchure d'un grand fleuve, et, comme ils y entrèrent au mois de janvier, ils appelèrent cet endroit *Rio de Janeiro* (le fleuve de janvier). L'erreur était toute naturelle; mais pourquoi les habitants actuels ont-ils continué à s'appeler *fluminenses*, c'est-à-dire ceux qui vivent au bord du fleuve, alors qu'ils constatent chaque jour davantage qu'il n'y a pas de fleuve du tout?

En souvenir de la fondation de leur ville, les *flumineses* honorent d'une façon spéciale saint Sébastien, patron de Rio.

Dans les bals que donne de temps à autre le *Casino fluminenses* ses vastes salons se peuplent de charmantes toilettes sorties des ciseaux du grand Worth lui-même. Au pays des diamants, il est tout simple d'en voir scintiller un grand nombre au milieu de ces réunions du monde élégant; mais, sous ce rapport, les poitrines des maris font une concurrence terrible aux plus gracieuses épaules, car beaucoup d'hommes se font remarquer par la richesse de leurs décorations, plaques d'ordres, boutons de manches ou de gilet, étincelants de pierres précieuses.

Pendant le jour, les promenades publiques sont généralement désertées; le seul lieu très animé est, à l'heure où se ferme la Bourse, la rue Ouvidor. Dans cet étroit espace, tout ce que Rio compte d'élégants, de viveurs ou d'affairés se coudoie, se salue, se raconte les nouvelles et échange ses idées. C'est le club en plein air; il n'en existe d'ailleurs point d'autre.

D'un autre côté de la baie, les regards sont attirés par la pointe du mont *Corcovado*, qui, grâce à son arête à peu près verticale, domine la ville d'une hauteur de deux mille cinq cents pieds. A la base de cette montagne, dont la découpure bizarre justifie bien le nom de « bossu », s'étendent de superbes massifs de verdure, parmi lesquels j'ai surtout admiré le Jardin botanique. J'ai vu là une allée de palmiers, longue de cinq cents mètres environ : leurs troncs alignés, droits, très élevés, complètement lisses, paraissent être d'immenses colonnes de granit, et leur couronnement de palmes semble plutôt appartenir à l'architecture qu'à la botanique. Le reste du jardin m'a fait l'effet d'une serre immense; je me souviens d'y avoir cueilli et mangé un fruit excellent appelé *maracouja* : c'est le produit d'une plante bien connue en Europe, où l'on ne parvient qu'avec beaucoup de soins à en obtenir la fleur, dite fleur de la Passion.

Autour des bassins s'étalent de gigantesques nénufars; des berceaux de bambous au feuillage finement découpé forment de longues et mystérieuses arcades. Je ne vois de tous côtés que des essences qui me sont inconnues, des plantes grasses, des orchidées, des herbes d'une variété infinie... et comme pour égayer ce beau jardin tropical, de temps en temps, un gracieux oiseau-mouche, au plumage de rubis et d'émeraude, apparaît tout à coup, voltigeant auprès des fleurs, ou plongeant son bec effilé dans leur calice entr'ouvert.

Toutes ces merveilles m'invitaient à aller les contempler du sommet du Corcovado, d'où le regard devait les embrasser dans leur ensemble. Cette excursion est d'ailleurs une des premières qui vous sollicitent en arrivant à Rio de Janeiro, et j'avais hâte de l'accomplir. Ce fut la nuit et à la faveur d'un splendide clair de lune que je me mis en route.

La montée, par un chemin bien entretenu, est assez facile et se fait presque entièrement à cheval. Un parapet en maçonnerie couronne le sommet, et de cet endroit on embrasse toute la ville et son panorama incomparable. Au moment où j'atteignais le faîte, les rayons de la lune s'effaçaient peu à peu devant les premières lueurs de l'aurore; puis le soleil sembla surgir de la mer et éclaira par des traînées de lumière, dans une atmosphère parfaitement transparente, les moindres détails du paysage. Le *Pain de sucre*, ce rocher conique qui garde l'entrée de la baie, me parut tout à fait réduit par la distance; les maisons, les rues, les jardins, surtout les grands palmiers du Jardin botanique, me firent l'effet de joujoux de Nuremberg. Je distinguais jusqu'aux voitures circulant dans les rues, tandis qu'à l'horizon les vagues de la mer, les prairies ondulées, les îles de la baie et les contreforts des montagnes ressortaient comme sur un plan en relief.

Pétropolis était alors le séjour habituel de la cour (1) pendant la saison d'été, qui, dans l'hémisphère sud, commence au mois de décembre. C'est également sur ces hauteurs que se transportent le corps diplomatique et le monde élégant de la capitale, pour fuir les chaleurs de la côte et les dangers de la fièvre jaune.

On s'y rend en naviguant d'abord, pendant une heure et demie, sur un petit bateau à vapeur qui traverse la baie et côtoie les îles pittoresques dont elle est parsemée. Au débarcadère de Mauà, situé au nord, le voyageur trouve un chemin de fer (2) qui, en un parcours d'une vingtaine de minutes, le conduit jusqu'au pied de la montagne et lui fait traverser une plaine tantôt marécageuse, tantôt couverte de champs de cannes à sucre. A la station, des voitures attelées de quatre mules vous reçoivent, et l'on part au grand trot. On monte à une hauteur d'environ trois mille pieds, par une route assez bonne, qui permet de découvrir, à chaque tournant, un splendide panorama. Au bout de deux heures d'ascension, on arrive à Pétropolis.

Malgré la hauteur déjà considérable à laquelle se trouve situé ce village, il est fort encaissé dans les montagnes; de tous côtés la campagne a un aspect sauvage, et les collines environnantes sont couvertes de forêts. La rue principale est divisée dans sa longueur par un torrent convenablement canalisé et bordé d'arbres; les maisons sont assez simples, bâties en général dans le style de chalets ou de villas, et quelques-unes dans une position charmante.

Il y a une grande différence de température entre Pétropolis et Rio de Janeiro; ici nous sommes sous un climat tempéré : quoiqu'à midi le soleil soit encore fort chaud, les matinées sont délicieuses; mais dès le coucher du soleil l'humidité est telle qu'il est

---

(1) Ces lignes ont été écrites sous le régime impérial. (C. S.)
(2) Le Brésil renferme environ 13,000 kilomètres de voies ferrées en exploitation; c'est un chiffre infime, et, malgré les progrès réalisés, la plus grande partie de l'intérieur est isolé de la côte, par suite de l'insuffisance des moyens de communication. (C. S.)

à peu près impossible de s'asseoir hors de la maison. Hélas!
la pluie me paraît devoir jouer un grand rôle dans notre existence,
car elle tombe sans presque discontinuer, pendant des journées
entières, avec une vigueur toute tropicale... L'humidité qui en
résulte est si grande que tout en est pénétré : les vêtements, les
livres, les provisions de tout genre s'en imprègnent d'une façon
désolante; au bout de vingt-quatre heures on retrouve ses chaussures couvertes d'une véritable couche de champignons. Une si
grande quantité d'eau ne peut réjouir que les crapauds, dont l'espèce est nombreuse et variée; ils sont gros comme les deux poings;
on les trouve partout, non seulement dans les rues, mais aussi
dans les maisons. La nuit, quand tout est calme, ces hideuses bêtes
se livrent à une musique tout à fait étrange; de leurs gosiers
puissants partent des sons divers, qui tantôt imitent des gémissements lointains, tantôt ressemblent à des coups de marteau répétés; cette lugubre symphonie ferait merveille dans quelque repaire
de sorcières. Les premiers soirs, en me couchant, j'éprouvais un
certain dégoût à voir courir autour de moi de grands cancrelats
aux antennes démesurées ou quelque grosse araignée folâtre qui
parcourait lentement mon moustiquaire; mais on s'habitue assez
vite à ces hôtes plus répugnants qu'incommodes.

II

LA FORÊT VIERGE.

La principale distraction à Rio, l'été, consiste à faire des excursions dans les environs. Peu d'endroits se prêtent mieux aux promenades à cheval, tant par la variété des sites que par l'imprévu
et le pittoresque qui se rencontrent à chaque pas (1).

Je n'oublierai pas de longtemps l'admiration profonde que
j'éprouvai en pénétrant pour la première fois dans une forêt
vierge. Nous suivions une *picada*, mauvais sentier tracé pour le
passage des mules qui portent à Pétropolis les produits de quelques *fazendas* (propriétés d'exploitation) éloignées; et, marchant
au hasard, nous pénétrâmes tout à coup en plein bois.

On est moins frappé d'abord par la beauté ou la grosseur des
arbres que par l'imprévu et l'originalité de cet amoncellement
de verdure et de fleurs éclatantes. Le fourré est tellement épais
qu'on n'y voit guère à plus de vingt pas. Il est difficile de se
figurer, quand on ne l'a pas vu, ce dôme de verdure, ce grandiose
de la végétation et l'effet gracieux de ces lianes courant d'un arbre
arbre à l'autre, enlaçant de leurs gros anneaux quelque énorme

(1) A citer entre tous l'hôtel-villa Moreau, rendez-vous de toute l'élégance
brésilienne de Rio. (C. S.)

tronc couvert de mousse, pour retomber ensuite de la plus haute branche, droites, minces et flexibles, jusqu'à terre.

Quelques-unes de ces lianes, s'arrêtant à mi-chemin, balancent à leur extrémité des touffes d'orchidées dont les fleurs multicolores se groupent capricieusement et forment de ravissants bouquets. On voit des arbres si complètement envahis par les plantes parasites qu'ils semblent verts encore et parfaitement vivaces, tandis que depuis longtemps déjà leur sève a cessé de couler... Des espèces innombrables et variées de fougères arborescentes, de plantes aux feuilles énormes, s'élancent du sol et s'accrochent partout au flanc noir des rochers, aux arbres, aux pierres détachées qui transforment les ruisseaux en cascades.

Séduits par le pittoresque de notre promenade, nous avions attaché à des arbres nos chevaux, dont le sabot était mal assuré sur les pierres humides, et nous poursuivions notre route à pied. Tout à coup le sentier, contournant en corniche le flanc de la montagne, nous permit d'entrevoir dans un admirable fouillis de verdure un océan de fleurs rouges, jaunes, violettes,

JEUNE FILLE INDIGÈNE DU BRÉSIL.

tandis qu'une légère brise soulevait les feuilles de certains arbres et les faisait passer alternativement du blanc d'argent au vert d'émeraude. Au loin, nous apercevions la baie de Rio, les îles, et, dans le fond, la ville et la rade, où les navires à l'ancre étaient marqués par de gros points noirs; à l'horizon, la mer et les singulières découpures du *Corcovado* et du *Pão d'assucar*.

Notre excursion, un peu à l'aventure, nous avait bien menés là dans une vraie forêt vierge; mais je dois dire, à ce propos, qu'en ma qualité de nouvel arrivé, et dans mon impatience de voir le *matto virgen*, dont le nom seul ouvre l'imagination à toute espèce de mystères, je l'ai vu souvent où il n'était pas. Il faut, à ce qu'il paraît, pour avoir droit à la virginité en cette matière, que la forêt n'ait reçu les atteintes ni du fer ni du feu. Or, il arrive ceci : les propriétés sont tellement vastes en ce pays qu'on ne se donne guère la peine de ménager le terrain. Quand un planteur veut faire un champ, il met le feu à la forêt; les cendres mêmes des arbres qui la formaient rendent cette terre excellente, elle produit surabondamment, mais à la longue finit par s'épuiser. Alors le propriétaire l'abandonne, et la force de la végétation est telle qu'au bout de trente ans une nouvelle forêt couvre ces terrains jadis cultivés. A l'œil, ce bois semble parfaitement vierge; une chose cependant marque la différence entre l'ancienne forêt et la nouvelle. Lorsque, pour la première fois, on y a mis le feu, souvent les plus grands arbres ont résisté à la violence de l'incendie : ils sont bien dépouillés de leur feuillage, morts et à moitié carbonisés; mais ils restent debout, et le cultivateur est trop avare de sa peine pour abattre ces gigantesques carcasses qui n'arrêtent ni l'air ni la lumière. Quand la forêt a repoussé pour la seconde fois, ces anciens de la première végétation dépassent de toute la hauteur de leur cime séculaire les plus grands arbres de la génération nouvelle, et il est curieux de voir ces géants décharnés ou couverts de lianes dominer les champs et les bois, tandis que leurs branches desséchées servent de perchoir à tous les oiseaux de proie de la contrée.

III

SANTOS ET SAINT-PAUL.

Le contre-amiral du Quilio, commandant la station française de l'Atlantique sud, a bien voulu m'offrir de l'accompagner sur la *Vénus,* portant son pavillon, pour aller jusqu'à Santos, puis faire de là une excursion dans la province de Saint-Paul (1).

Un voyage sur une frégate a quelque analogie avec la vie de château lorsqu'il pleut : on est fort bien installé, il est vrai, mais il est impossible de sortir, et il faut se distraire avec ses propres ressources. Elles ne manquaient pas sur la *Vénus,* et les heures s'écoulaient très agréablement, tantôt sur la dunette ou au salon de l'amiral, tantôt au carré des officiers, où la conversation, pleine de verve et d'esprit, faisait pleinement honneur à son droit de cité sous le pavillon français.

Le but de notre excursion n'était malheureusement pas bien éloigné, et après une trentaine d'heures de navigation, nous mouillâmes dans la baie de Santos pour saluer des coups de canon d'usage le pavillon brésilien hissé sur le fort.

(1) Le nom officiel est São Paulo. Aujourd'hui cette ville est reliée à Rio de Janeiro par le chemin de fer central, d'une longueur de 506 kilomètres. (C. S.)

La première journée fut consacrée à explorer les rives environnantes, et à faire avec l'équipage une grande pêche, où chaque coup de filet ramena bon nombre de poissons de toutes formes et de toutes espèces. Le lendemain, la chaloupe à vapeur nous remorqua en canot dans la rivière large et profonde qui baigne Santos.

Cette ville est dans la plus heureuse situation pour servir de port : elle tourne le dos à la baie proprement dite, et elle en est séparée par une étendue de terrain plat de plus de trois milles, qui l'abrite complètement des vents du large. C'est aujourd'hui un des premiers ports commerciaux du Brésil : de là partent toutes les cargaisons de café que la province de Saint-Paul exporte en très grande abondance.

Les maisons de la ville sont bâties directement sur le quai, plusieurs même sur pilotis ; à part les grands magasins où s'entassent les balles de café, il n'y a rien d'intéressant à y voir ; aussi n'avons-nous pas tardé à monter en wagon pour gagner Saint-Paul.

Le chemin de fer qui gravit les pentes de la *serra do mar* fait grand honneur aux ingénieurs anglais qui l'ont construit : la montée se compose de quatre rampes successives d'une inclinaison considérable, et sur chacune d'elles le train est tiré à l'aide d'un câble sollicité en haut par une machine à vapeur. Une des parties les plus intéressantes de la route est le passage d'un pont jeté entre deux montagnes. Ce pont, en plan incliné, décrit une courbe élégante, à plus de deux cent cinquante pieds de hauteur. De tous côtés, au-dessus comme au-dessous de soi, on ne voit que forêts épaisses, où des arbres chargés de fleurs tranchent d'une façon charmante sur ce fond de verdure.

Arrivés sur le plateau supérieur qui s'étend indéfiniment à l'ouest, nous ne tardâmes pas à atteindre la capitale de la province. Saint-Paul est une ville rendue fort animée par son École de droit et son grand commerce de café (1). Elle renferme aussi un couvent des Pères Capucins, Français d'origine, qui nous ont reçus avec le plus aimable empressement, nous faisant les honneurs de leur maison, de leur collège et de leurs jardins. Le musée de cet établissement est spécialement remarquable par une collection des serpents qui pullulent, paraît-il, dans cette région, et par quelques beaux échantillons minéralogiques et géologiques. On nous a montré, entre autres choses, une pierre curieuse : c'est une sorte de tranche de granit ayant deux à trois centimètres d'épaisseur, et dont la flexibilité est telle qu'on peut la plier fortement sans la briser.

Les Pères insistèrent pour nous faire visiter leur maison de

---

(1) Saint-Paul, qui n'avait que 25,000 habitants il y a vingt ans, en renferme aujourd'hui plus de 180,000 ; toute la vieille ville portugaise a été démolie depuis vingt ans et a fait place à une cité toute nouvelle, qu'on salue déjà du nom de « Chicago de l'Amérique du Sud ». (C. S.)

campagne, et nous acceptâmes avec plaisir cette excursion pour le lendemain. Un Capucin à cheval nous accompagna : c'est un aimable homme, le Père Généreux; mais il a l'aspect plus guerrier que monastique, avec sa longue barbe, son chapeau de feutre gris à larges bords, sa robe relevée laissant voir de grandes bottes armées d'éperons gigantesques! Au bout d'une heure et demie de

HÔTEL-VILLA MOREAU (ENVIRONS DE RIO DE JANEIRO).

marche à travers un pays raviné par les pluies et fort peu habité, notre cicerone nous arrête, et nous annonce qu'en ce moment même nous nous trouvons sur le point mathématique où passe le tropique du Capricorne. Nous le croyons sur parole; mais en pénétrant dans la zone tempérée, le soleil se charge de nous faire sentir qu'il ne faut pas prendre trop au sérieux cette importante division géographique.

Nous voici arrivés : tout le collège est réuni devant la maison pour nous recevoir, et un groupe de jeunes musiciens nous souhaite

PETROPOLIS.

la bienvenue par une joyeuse fanfare. En visitant le parc qui entoure cette habitation de campagne, on nous fait voir un vrai caprice, un prodige de la végétation tropicale : il y a quelques mois, le jardinier coupa un beau cèdre, en fit deux poutres d'inégale grandeur qu'il mit en croix et érigea ainsi, sur un monticule, une sorte de calvaire. Aujourd'hui, cette croix a pris racine, et de ses trois extrémités supérieures sont sorties de belles branches couvertes de feuilles, qui en font un arbre véritable. A côté se trouve un autre tronc coupé à la scie aux deux extrémités; il a été mis en terre, il y a quinze jours, et c'est déjà un arbrisseau abondamment orné de verdure. Aussi, quand je laisse maintenant pendant quelques heures mon parapluie ou mon bâton dans un coin humide, je tremble de le retrouver couvert d'une luxuriante végétation!...

Le soir, au moment où nous allions nous mettre en route pour retourner à Saint-Paul, un orage effroyable éclata; la chevauchée du retour était peu tentante, et nous acceptâmes l'offre qui nous fut faite de coucher au couvent. Je partageai avec mon ami le comte de Laugier-Villars, secrétaire de la légation de France, une chambre donnant de plain-pied sur le jardin, et tandis que nous devisions sur les douceurs de l'hospitalité, un bien dangereux voisin veillait dans l'ombre! En effet, le lendemain matin, je vis sortir de dessous le lit de mon compagnon un petit serpent qui était aussi venu chercher un refuge pendant la tempête. Nous parvînmes à le tuer : on me dit que c'était un *ibiracuca*, le plus dangereux reptile connu dans la province de Saint-Paul. On meurt, paraît-il, presque instantanément quand on a été mordu... Quel agréable camarade de lit!...

La rencontre de ces serpents, grands ou petits, est toujours une chose désagréable; mais en réalité le danger d'être mordu est bien moins grand qu'on ne pourrait le supposer. Que de fois n'en ai-je pas aperçu dans les bois, dans les jardins, voire même sur les routes! Mais ces reptiles s'enfuient toujours à l'approche de l'homme, rampant lestement dans les grandes herbes, ou se perdant dans les arbres en montant de branche en branche pour essayer de fuir. Comme le serpent est avant tout craintif, il se tient en éveil et décampe au moindre bruit; il faut donc un hasard bien malheureux ou une absence complète des précautions les plus élémentaires pour les fouler aux pieds ou les mettre en colère. Il suffit, pour s'en garantir à peu près sûrement, de frapper l'herbe d'un bâton ou de marcher avec prudence. La plupart des noirs vont partout nu-pieds; il est vrai que leur peau est durcie au point de valoir toutes les chaussures du monde. Les cas les plus fréquents de morsures se présentent pendant la cueillette du café : quand les travailleurs attaquent les branches basses, les serpents leur piquent les mains; mais les nègres, fort experts en poisons et contrepoisons, se servent, quand ils sont mordus, d'une certaine liane extrêmement commune dans la contrée : ils en mâchent un morceau, avalent le jus et posent sur la plaie les filaments réduits par la mastication en une sorte de pâte. L'effet de ce remède est presque infaillible, et son emploi serait sans doute bien précieux en Europe contre les nombreuses piqûres de vipères, dont les suites causent peut-être en moyenne plus d'accidents que tous les reptiles soi-disant terribles de ce pays.

Nous continuons notre excursion dans l'intérieur de la province en reprenant le chemin de fer jusqu'à l'extrémité de son parcours (1). Grâce à l'extrême lenteur de notre marche, nous avons le temps d'examiner le paysage, faisant parfois de longs arrêts en attendant qu'un troupeau de bœufs, nonchalamment couchés sur la voie, veuille bien se déranger pour nous laisser passer.

A la station du *Salto*, nous prenons des voitures du pays. En fait de carrosserie, rien n'est curieux et ingénieux comme ces véhicules appelés *trolls*, dont les ressorts sont remplacés par des planches posées dans le sens du timon. Ces planches, faites d'un bois presque incassable et parfaitement flexible, résistent mieux que le fer et l'acier aux plus rudes cahots.

Mais aussi, quels chemins ! si l'on peut appeler ainsi une suite de ravins, d'ornières profondes, de pentes invraisemblables, et souvent de grands trous. Qu'importe ! le cocher n'en aborde pas moins bravement l'obstacle ; les mules sautent, la voiture suit, on se croit perdu ; mais non, bêtes, gens, véhicule, tout se retrouve au grand complet de l'autre côté : on n'a eu que la peine de se cramponner à son banc pour ne pas être lancé bien loin dans l'espace. J'ai traversé ainsi vingt fois en voiture des passages que j'aurais crus infranchissables, et sur lesquels les cochers se lancent à fond de train. Je ne sais ce qu'il faut le plus admirer de leur adresse, de la fermeté de leurs poignets capables de maintenir ces quatre mules endiablées, ou de la solidité extraordinaire de leurs chars.

IV.

LES FOURMILIÈRES.

Itù, où nous allons coucher, est une petite ville noyée dans la verdure et dont l'aspect extérieur est des plus riants ; mais ses rues non pavées, ses maisons malpropres, la rendent moins séduisante à l'intérieur.

En visitant les jardins environnants, je fus frappé de la quantité de monticules, hauts parfois de vingt pieds, qui s'élèvent de tous

(1) Aujourd'hui la voie ferrée va jusqu'à la rivière Rio Grande. (C. S.)

côtés en forme de cônes allongés. Ce sont des fourmilières recouvertes d'une épaisse couche de terre glaise durcie par l'action du soleil, qui abritent, jusqu'à des profondeurs considérables, des myriades de fourmis. Ces insectes sont la plaie du pays : quand une de leurs tribus se met en voyage, tout ce qu'elle rencontre est ravagé; il leur faut quelques heures pour dépouiller complètement un grand arbre; si même une maison se trouve sur leur passage, elle est bel et bien saccagée. Il est fort intéressant, du reste, — au moins pour le voyageur, — de voir travailler ces industrieuses petites bêtes, sur un arbre, par exemple. Voici comment elles s'y prennent : un détachement monte aux branches et s'occupe à scier des morceaux de feuilles d'une grandeur uniforme; ces découpures, tombant à terre, sont aussitôt enlevées et transportées en lieu sûr par le gros de l'armée resté au pied de l'arbre. La fourmilière est quelquefois très loin; aussi rencontre-t-on souvent sur les chemins, ou à travers les bois et les plaines, un véritable ruban de fourmis qui vont et viennent, sans que jamais aucun obstacle, excepté l'eau, puisse les arrêter dans leur marche.

Le planteur leur fait une guerre à outrance. Dans toutes les *fazendas*, des hommes spéciaux n'ont d'autre occupation que de rechercher les fourmilières pour en faire le siège en règle; généralement on en vient à bout par l'asphyxie. Le *formigueiro* bouche toutes les galeries connues, puis fait flamber des matières sèches à une extrémité de la mine : la fumée qui s'échappe indique toutes les issues non encore fermées, et l'on finit ainsi par détruire dans son propre refuge, la dangereuse tribu. Le gouvernement a promis une récompense de cinquante *contos* (125,000 francs) à l'inventeur d'un moyen sûr et prompt pour détruire les fourmis... On cherche encore.

V

LES FAZENDAS DE CAFÉ.

Cahotés dans nos *trolls*, nous poursuivons notre route en traversant successivement des prairies, des bois pleins de fraîcheur, des champs de maïs ou de riz, enfin des plantations de café. Dans cette région fertile, celles-ci deviennent bientôt la seule culture : de toutes parts on n'aperçoit plus que des caféiers étagés en rangs symétriques sur le flanc des collines. Ces arbrisseaux ressemblent assez au camélia; leur hauteur varie d'un à trois mètres, suivant l'âge des plantations. Chaque caféier est taillé en forme de ballon; son feuillage vert sombre, à reflets métalliques, est moucheté en cette saison par les taches blanches de ses fleurs.

Nous arrivons à Campinas, ville importante qui sert de trait d'union entre l'intérieur qui produit et le centre des affaires qui achète. J'avais un vif désir de voir de près, et dans tous ses détails, une grande *fazenda* de café, pour me rendre un compte exact du travail qui se fait dans une exploitation de ce genre; je ne tardai pas à être servi à souhait, car le *commendador* Joaquim Bonifacio de Amaral nous proposa de visiter sa propriété de *Sete-Quedas*.

La *fazenda* proprement dite, c'est-à-dire le corps de logis principal, se compose d'une vaste maison à un étage, sans architecture et sans élégance; là se succèdent de grandes salles, dont le plus souvent quelques fauteuils à bascule et des chaises en jonc forment

SANTOS.

tout le mobilier. Derrière ce bâtiment, établi sur un point culminant, sont rangés les magasins où s'entassent les récoltes, et tout autour les séchoirs, grands carrés de vingt à trente mètres de côté, sur lesquels on étale les baies fraîches du café pour les faire sécher au soleil. A droite on aperçoit les hangars abritant les machines qui, toutes mises en mouvement par une forte chute d'eau, sont destinées, soit à soulever les pilons qui opèrent la décortication, soit à mouvoir la scierie, dont l'usage est indispensable pour débiter les arbres de la forêt voisine. A gauche s'étendent les dépendances, c'est-à-dire les habitations des esclaves (1); et plus loin, sur le versant de la colline, on remarque une agglomération pittoresque de pauvres cabanes entourées de jardinets. Ce coin de terre est

(1) La relation de voyage du comte d'Ursel date d'avant l'abolition de l'esclavage, qui n'a été définitive qu'en 1888; il y avait alors 600,000 esclaves. (C. S.)

abandonné aux esclaves; ils y construisent de modestes réduits, où ils vont jouir des heures de liberté qui leur sont accordées de temps à autre. A cinq cents mètres de là, on aperçoit le village où notre hôte vient de faire un essai de colonisation.

L'œil du maître peut donc surveiller tout, et c'est là le caractère distinctif de ces établissements : rien n'y est sacrifié à l'agrément, au luxe, ni même à la fraîcheur : tout y est aménagé en vue de l'utile. L'aspect général manque de gaieté, et cependant, avec un peu de goût et une faible dépense, on pourrait rendre ces habitations élégantes et confortables. Mais si le bien-être du planteur est négligé, du moins des soins minutieux sont-ils apportés aux opérations délicates et multiples par lesquelles il fait passer sa récolte dans la période qui sépare la cueillette de la vente.

Nous ne nous doutons guère, en effet, en dégustant en Europe une tasse de café, de toutes les manipulations auxquelles ont été soumises les graines avant d'arriver jusqu'à nous !

Le fruit du caféier est renfermé dans une espèce de poche dure et rouge ressemblant à une cerise; il consiste en deux grains juxtaposés. Une fois cueilli, on le jette dans un bassin pour imbiber d'eau son enveloppe; puis on l'étale sur des séchoirs, où il est fréquemment retourné pour recevoir sur toutes ses faces les rayons du soleil.

Lorsqu'il est bien séché et que l'enveloppe est crevassée et racornie sous l'action de la chaleur, il passe sous les pilons qui produisent la décortication. Puis un tamis vivement agité par un mouvement de va-et-vient sépare la pulpe du grain; celui-ci reste encore recouvert d'une mince pellicule que l'on enlève à son tour au moyen d'un second tamis exposé à une forte ventilation; l'enveloppe légère, chassée au dehors, sert de base dans la suite à un excellent engrais.

Enfin les grains sont jetés dans un gros tube destiné à les séparer mécaniquement en trois grosseurs différentes. On économise ainsi un immense travail de main-d'œuvre, ce qui n'empêche pas cependant les esclaves, spécialement chargés de ce soin, d'épurer de nouveau chaque tas. En réalité, gros et petits grains sont de même qualité, puisqu'ils proviennent du même arbre; mais il paraît que leur valeur commerciale diffère, car les petits grains ressemblent à ceux du café moka, et sont « vendus sous cette dénomination » sur les marchés d'Europe. On boit donc, dans le monde entier, une quantité énorme de café d'Amérique que l'on trouve mille fois meilleur parce qu'on le croit africain.

Il est regrettable que ce produit si important du Brésil n'ait pas encore obtenu toute la faveur qu'il mérite; malheureusement, au lieu de chercher à convaincre les consommateurs par l'évidence, la plupart des planteurs ou exportateurs brésiliens se servent encore de singuliers subterfuges : ainsi, une grande partie de leur café est vendue aux États-Unis; mais pour l'écouler plus facilement, ils font subir aux graines une opération appelée « brunissage », qui consiste à les rouler sur elles-mêmes pendant un certain temps, de façon à leur donner une teinte lustrée..... En quoi la qualité y gagne-t-elle ? En rien absolument, et pourtant cette petite opération fait, dit-on, vendre ce produit beaucoup plus cher.

Quoi qu'il en soit, le café ainsi préparé est mis en sac et pesé par arrobes de 16 kilogr. (1), dont la valeur marchande est en moyenne de dix milreïs (environ 26 francs).

Le propriétaire de *Sete-Quedas* nous dit qu'en comptant largement les frais que lui coûtent annuellement l'entretien de sa *fazenda*, de ses machines, la nourriture de ses cent travailleurs ainsi que le transport des denrées, le total de ses dépenses ne s'élève pas à plus du cinquième des recettes; son bénéfice net par arrobe de café est alors de huit milreïs, soit vingt et un francs : et comme il récolte en moyenne, sur ses deux cent mille pieds de café, vingt mille arrobes, il se crée un revenu annuel d'environ un demi-million de francs, qui lui assure un avenir paisible — et à l'abri du besoin.

Le Brésil est aujourd'hui le premier pays du monde pour la production du café : l'exportation de cette denrée, qui était en 1830 de moins de 2,000,000 de kil., a, en 1873, atteint 146,000,000 de kil. (2).

L'avenir de cette culture est donc magnifique, pourvu qu'elle trouve toujours à sa disposition un nombre suffisant de bras : en effet, si la production s'accroît, la consommation augmente aussi notablement dans le monde entier. A coup sûr, le terrain ne manquera pas, car aujourd'hui, de toutes les provinces de l'empire, quatre seulement exportent le café; ce sont celles de Rio de Janeiro, Saint-Paul, Bahia et Ceara. Ces provinces ne sont pourtant pas les seules où la culture du café soit possible, et d'après les observations de naturalistes distingués, cette plante vient bien depuis la température moyenne de 12°,5 centigrades jusqu'à celle de 31°, sur les collines bien exposées ; or, dans toutes les parties de l'empire, il y a quantité de terrains placés dans des conditions climatériques et topographiques favorables.

Peu de plantes, d'ailleurs, récompensent mieux le cultivateur de sa peine : un hectare de terre peut contenir en moyenne 918 caféiers, qui produisent 674 kilogrammes de café dans les terres inférieures, 1,384 kilogrammes dans les terres de seconde catégorie, et 2,022 kilogrammes dans les terres de première qualité. Un seul travailleur suffit pour prendre soin d'une plantation de deux hectares et obtenir un produit d'environ, 1,112 francs dans les terres inférieures, de 2,283 francs dans les terres de seconde catégorie, et de 3,336 francs dans les terres de premier ordre, et cela, en sup-

(1) L'*arroba*, ancien poids espagnol, vaut au Brésil et au Portugal 14 kil. 60, à la Plata, 11 kil. 48. Au Chili, c'est une mesure pour les liquides, huile ou vin. (C. S.)

(2) En 1890, les expéditions de café du Brésil ont atteint 2,734,000 sacs de 60 kilogrammes, dont les trois quarts absorbés par les Etats-Unis du Nord. (C. S.)

posant le café vendu au prix ancien de 0.80 centimes le kilogramme, tandis que les prix actuels sont plus que doublés et tendent toujours a s'élever (1).

VI

LES MINES D'OR DE « MORRO-VELHO ».

M. Gordon, directeur des mines d'or de *Morro-Velho*, se trouvant à Rio où j'avais eu l'occasion de faire sa connaissance, m'offrit de l'accompagner pour aller visiter son exploitation, qui se trouve située à une centaine de lieues au nord, dans la province de Minas-Gerâes.

MULATRESSE EN COSTUME DE FÊTE.

J'acceptai avec empressement; le but de cette excursion me tentait, et l'occasion était bonne pour m'édifier complètement sur la manière de voyager dans l'intérieur du Brésil. Le rendez-vous fut fixé à *Juiz de Forra*, limite de la région parcourue par des lignes ferrées ou des chemins carrossables.

On est à *Juiz de Fora* vers six heures du soir, après avoir parcouru lestement dans sa journée cent cinquante kilomètres.

La Compagnie qui a construit cette belle voie de communication a voulu sans doute donner au voyageur qui s'engage de là vers l'intérieur un bon souvenir des douceurs de la civilisation, car elle y a fait bâtir un hôtel excellent, réputé à bon droit pour être le meilleur du Brésil. Elle a également établi dans le village de *Juiz de Fora*, créé par elle, une école d'agriculture dirigée par des hommes compétents.

(1) La création de nouveaux chemins de fer, décrétée par la loi du 24 septembre 1873, a contribué sans doute à faciliter encore cette culture, avec laquelle aucun produit agricole ne peut rivaliser pour l'élévation des prix, la petitesse du volume, l'étendue de la consommation et les facilités de transport par voie ferrée.
Le café s'est répandu dans tout le Brésil, qui peut en produire 450 millions de kilogrammes par an, soit deux fois plus que le reste du monde !

Non loin de là, sur la montagne, se trouve une colonie de quelque importance formée presque exclusivement de Tyroliens (1); le site est particulièrement pittoresque, parce que les colons ont donné à leurs habitations, parsemées au milieu des bois qu'ils

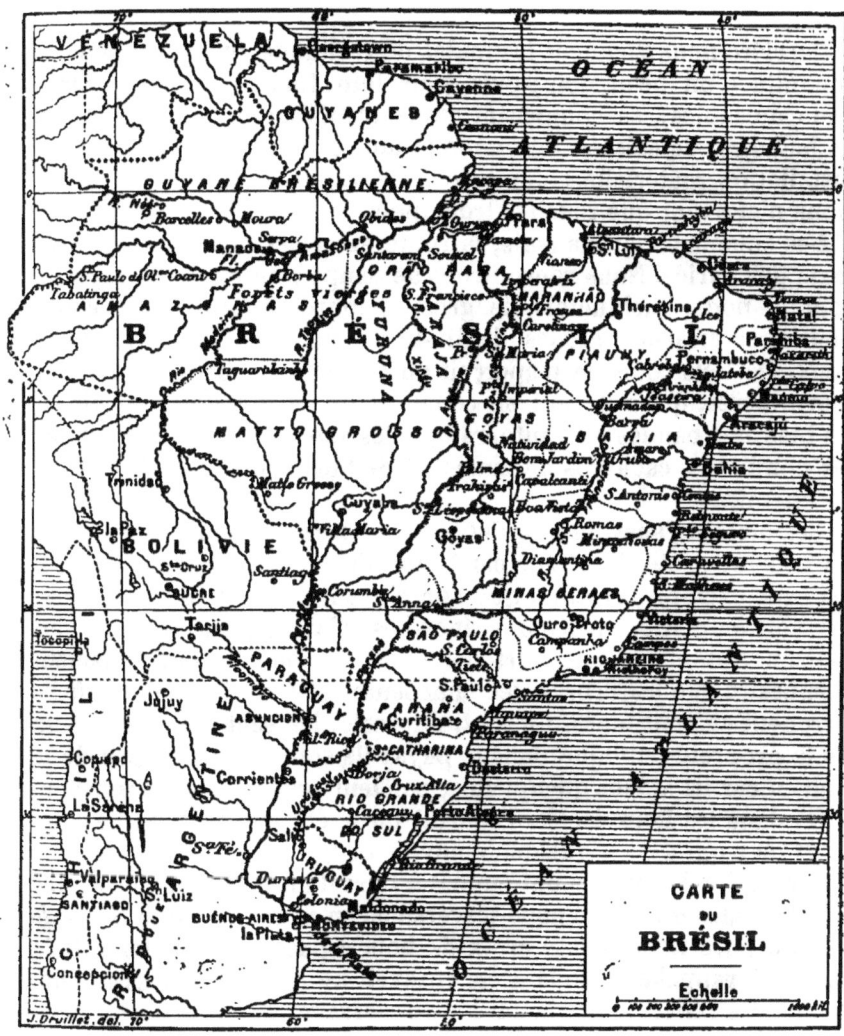

CARTE DU BRÉSIL.

défrichent, le style des jolies constructions de leur pays natal.

Au jour fixé, les différentes personnes qui devaient composer notre petite caravane se trouvent exactes au rendez-vous, et nous nous mettons en selle sur de bonnes mules, alertes et vigoureuses,

(1) Les Italiens sont très nombreux au Brésil, ainsi que les Allemands, surtout dans les provinces méridionales, où on commence à craindre qu'ils n'arrivent à constituer la majorité de la population. (C. S.)

qui nous amènent, assez tard dans la soirée, à notre première étape, le *rancho* (abri) de *Gonzaga*, dont l'aspect au clair de lune n'est guère engageant.

Le lendemain matin, de bonne heure, nous nous remettons en marche, et l'étape s'allonge devant nous, monotone et sans incidents.

Derrière nous viennent les mules de rechange, trottinant sous la conduite d'un beau noir; puis, plus loin, toute la *tropilla* (caravane de mules), se composant d'une trentaine de bêtes chargées de bagages, de caisses, des mille et une choses que nécessite une installation matérielle comme celle de *Morro-Velho*, où les provisions n'arrivent que tous les trois mois.

Les chemins sont mauvais, la route extrêmement montagneuse, mais peu variée. Nous rencontrons de temps à autre des voyageurs comme nous, quelquefois de gros et lourds chariots aux roues pleines et criardes, attelés de dix-huit bœufs marchand deux par deux. De tous côtés on n'aperçoit au milieu de la bruyère que des fourmilières, qui s'élèvent en cônes hauts parfois de vingt pieds, ou bien des bandes de vautours appelés *ouroubous*, s'acharnant sur les nombreux cadavres de mules et de bœufs abandonnés le long du chemin.

Ces oiseaux, aussi laids qu'utiles, sont très en honneur au Brésil, où ils sont protégés, sinon par la loi, du moins par les usages; il est sans exemple, en effet, que l'on s'aventure à en tuer un. Aussi les voit-on à Rio, en bandes énormes, s'abattre sur les toits des maisons, et je connais certains quartiers où ils sont tellement nombreux que les arbres, les charpentes et tous les points où ils perchent en sont noirs. Ce sont, du reste, les seuls agents sérieux de la propreté publique dans le pays; ils sont même un peu de la police, car ils aident quelquefois, par leur présence, à faire découvrir, dans les lieux isolés, l'endroit où a été jeté le cadavre d'un voyageur qui a reçu quelque mauvais coup.

A ce point de vue, ils ont eu fort à faire dans les bois et les ravins de mauvaise mine que nous traversons, en franchissant la *Serra do Mar*, car les nombreuses croix de bois espacées tout le long de la route, et rappelant que là a été enseveli un malheureux assassiné, donnent à réfléchir sur la sûreté du passage. Mais, fort heureusement, il paraît qu'aujourd'hui les brigands de ces parages sont tout à fait calmés.

A la fin d'une journée fatigante où nous avons été aveuglés par une atroce et étouffante poussière, nous nous arrêtons à quelques kilomètres de *Barbacena*, chez le senhor da Costa.

Notre hôte se livre à la paisible industrie des cigarettes roulées dans la paille de maïs. Il nous raconte qu'il s'assure un revenu annuel d'une cinquantaine de mille francs en cultivant lui-même le tabac, et en occupant ses esclaves à cette fabrication des plus simples. Pour ma part, j'aime beaucoup ces cigarettes du pays, d'une très grande force, mais d'ailleurs d'un goût excellent et très fin.

De *Barbacena*, il nous fallut faire plusieurs longues journées à cheval, partant au point du jour et nous arrêtant à la tombée de la nuit. J'étais parfois ébloui et charmé des teintes étranges que nous avions sous les yeux; les nuances infinies de l'horizon se confondaient insensiblement avec le ciel, tandis qu'au premier plan, la combinaison des différentes matières qui composent le sol profondément raviné le rendait tantôt tout rose, tantôt zébré de rouge ponceau, de jaune, de violet et de brun, formant un ensemble de couleurs d'un effet incomparable.

En franchissant la *Serra dos Taïpas*, nous apercevons une immense étendue de pays absolument inhabité; sur plusieurs points, une longue colonne de fumée s'échappe en spirales de quelque forêt en feu et répand dans l'air un nuage si épais que, vers le soir, le disque du soleil nous apparaît comme dans un brouillard opaque. Dans le lointain, des bandes de singes font entendre leurs hurlements sinistres; un vol de perroquets passe au-dessus de nos têtes; puis c'est un aigle qui s'élève majestueusement devant nous.

L'état de la route est indescriptible; les éboulements de la saison des pluies n'ont plus laissé qu'une série de crevasses, au milieu desquelles tout vestige du tracé a disparu. Force est alors de contourner ces trous béants, et grâce aux braves mulets, dont le pied sûr n'hésite jamais, on passe partout à peu près sans danger. Parfois, à l'aube, nous trouvons sur ces hauteurs la terre toute couverte d'une gelée blanche causée par le froid de la nuit; mais le soleil a bien vite raison de ces légers glaçons.

A *Machina do ferro*, nous franchissons une montagne d'une richesse minérale remarquable : le chemin, les cailloux, les rochers sont tout de fer, et les pieds de nos chevaux frappent sur le métal presque pur, qui se trouve là dans une proportion de 80 à 90 pour 100, même à fleur de terre. Ces gisements restent malheureusement à peu près inexploités, à cause de la difficulté des transports, du prix excessif de la main-d'œuvre et du manque de houille, que le bois, seul combustible employé, remplace d'une façon insuffisante.

A la fin du septième jour de notre voyage, nous arrivons sur les rives du *Rio das Velhas*, où se trouve *Morro-Velho*.

M. Gordon est absent de chez lui depuis plusieurs mois; aussi tient-on à le bien recevoir : à l'entrée du village, les pétards de joyeuse entrée font leur office, et un corps de musique, jouant de brillantes fanfares, prend la tête de notre véritable cortège.

Nous pénétrons dans la cour de l'habitation : une nuée de négrillons en livrée originale se précipitent à la tête de nos montures, et nous mettons pied à terre pour aller saluer Mme Gordon et sa fille, qui nous attendent sous la véranda.

*
* *

Je fus réveillé de bonne heure, le lendemain, par le bruit des machines qui font l'or, ou plutôt qui le dégagent de toutes les matières dans lesquelles il est enveloppé.

Je savais déjà, par les récits de notre hôte, combien cette exploitation, qui est aujourd'hui en pleine prospérité, avait passé par de rudes épreuves. Il y a sept ans, tout marchait à merveille; la veine d'or suivie était abondante, quand tout à coup, sans que rien ait pu faire prévoir cette terrible catastrophe, le feu se déclara dans la mine. En quelques heures tous les bois qui soutenaient les travaux de soubassement s'étaient embrasés; des tourbillons de flammes et de fumée s'échappaient par les issues, et empêchaient d'apporter aucun secours.

MARCHAND AMBULANT D'ARTICLES DE PARIS.

Entre deux maux, avec beaucoup de présence d'esprit, le directeur sut choisir le moindre : il recourut à l'inondation complète. Il y eut alors une période de trois ans pendant laquelle les travaux ne reprirent qu'avec peine; de nouveaux accidents se succédèrent à des intervalles assez éloignés, pour détruire chaque fois le fruit de longs labeurs; puis, un jour, un éboulement épouvantable, causé par les ravages de l'incendie et de l'inondation, détruisit en même temps les galeries et les puits : cette fois la mine était absolument perdue.

Mais doué de la ténacité propre à sa race, M. Gordon s'acharne de nouveau; il creuse d'autres puits, il répare ses machines, il retrouve le filon ! Aujourd'hui la prospérité renaît; et les actions de la Compagnie de *Morro-Velho* sont aussi recherchées à la Bourse qu'il y a sept ans.

Nous avons entrepris l'exploration de la mine d'or en nous faisant descendre par une des tonnes qui retournent en général à vide, après avoir apporté le minerai de bas en haut. Cette descente

RIO DE JANEIRO. — AVENUE DES PALMIERS, JARDIN BOTANIQUE.

d'environ quatre cents mètres n'a rien de bien attrayant, et malgré soi l'on réfléchit, tout le temps du parcours, à la triste figure que feraient, au fond du puits, les voyageurs du tonneau si la chaîne venait à casser! Les différentes couches que l'on traverse avant d'arriver au précieux métal ne sont que de l'ardoise; cette matière forme également la base de la veine où se trouve l'or.

La chaîne cesse de se dérouler entre des parois étroites, et nous pénétrons dans une vaste caverne. A la vue de ces murs ternes et gris, ruisselants d'humidité; de ces noirs attaquant la pierre à coups de pioche et dont le torse nu, couvert de sueur, reluit à l'éclat des torches, j'éprouvai tout d'abord un certain étonnement: je ne m'étais pas figuré ainsi une mine d'or, et je me serais cru plus volontiers dans un charbonnage.

Les chants des travailleurs occupés dans d'autres galeries semblent sortir des entrailles mêmes de la terre; nous parcourons successivement ces différents travaux souterrains, accueillis, dans chaque nouvelle excavation, par les retentissants *viva* dont nous saluent les mineurs.

Comme, à l'œil, on ne distingue nullement le minerai aurifère de celui qui ne l'est pas, nous nous contentons de croire sur parole notre guide, qui tantôt nous fait passer par des couloirs où il faut avancer presque en rampant, tantôt nous avertit de nous effacer contre les parois humides pour laisser place aux wagonnets chargés de minerai, qu'on dirige vers l'orifice.

J'avais hâte de quitter ces profondeurs, dont la visite n'offrait d'ailleurs qu'un médiocre intérêt, et nous remontâmes par un autre puits. Celui-là sert de passage aux tuyaux de quatre pompes, fonctionnant sans interruption; elles sont destinées à puiser l'eau de la nouvelle mine, et surtout à vider les anciennes galeries inondées Mais c'est une pénible ascension que celle de douze cents échelons, par des échelles droites! J'avoue que j'ai revu le ciel avec plaisir.

Le roc dont on extrait l'or est composé de quartz mêlé, dans une forte proportion, à du carbonate de chaux, et fortement imprégné de fer, d'arsenic et de pyrites de cuivre. Les blocs concassés, mais de grosseur inégale, sont apportés à la surface et jetés de là dans un hangar où des ouvriers les réduisent à un même volume. On les verse alors peu à peu dans de vastes entonnoirs qui, par un ingénieux système de plan incliné, ne fournissent chacun qu'une pierre à la fois à un gros pilon chargé de la broyer. Il y a en ce moment une centaine de ces brocards fonctionnant jour et nuit; aussi quel tapage!

Réduite en poussière extrêmement fine, la matière pulvérisée tombe sur un tamis en fils de cuivre, où elle trouve un courant d'eau qui l'emporte à travers les tissus assez serrés de cette toile métallique. L'eau bourbeuse, couleur ardoise, coule alors sur des conduits en plan incliné d'une longueur de quinze mètres environ

Ces rigoles sont tapissées de peaux de bœuf juxtaposées, qui ont chacune trois à quatre pieds de long sur un pied et demi de large, et dont on a eu soin de conserver les poils, pour arrêter la poussière d'or. En effet, ce métal, plus lourd que tous ceux avec lesquels il était en composition dans la pierre, est nécessairement le premier à s'accrocher aux peaux que le courant de l'eau prend à rebrousse-poil.

La longueur des conduits assure un temps d'écoulement suffisant pour que la plus grande partie de l'or y soit déposée, pendant que le quartz pulvérisé et presque tout le cuivre sont emportés par le courant. Il reste alors sur les peaux une espèce de boue noirâtre, qui renferme en majeure partie du sable, de l'arsenic et de l'or.

En opérant le lavage à la manière primitive, on peut dégager déjà le précieux métal; mais cette opération, en pratique, serait trop longue. Cependant, pour nous en donner une idée, notre hôte veut bien en faire faire l'expérience devant nous : une négresse ramasse le contenu de deux ou trois peaux, le verse dans un grand plat de bois, puis elle y met un peu d'eau et commence avec la main à secouer doucement son écuelle, en laissant chaque fois échapper, avec le liquide, le sable dont il est mélangé. Peu à peu, toutes les matières étrangères disparaissent; on aperçoit dans le vase une teinte jaunâtre de plus en plus prononcée, et enfin l'or se trouve complètement libre; car, plus lourd, il est resté au fond. C'est la méthode des Chinois en Californie; c'est aussi le système employé par tout mineur qui, à la recherche de l'or, veut essayer quelque minerai où il soupçonne sa présence.

Mais on a trouvé mieux pour les mines produisant de grandes quantités de quartz aurifère : la boue recueillie dans les rigoles est transportée dans des tonneaux où elle subit une rotation continuelle qui dure vingt-quatre heures; l'or, et seulement ce métal, s'amalgame avec le mercure qu'on a eu soin de verser. On passe alors tout le contenu des tonneaux dans des baquets pleins d'eau, soumis à un mouvement de va-et-vient fortement saccadé. L'amalgame, très lourd, va au fond, tandis que les autres matières, soulevées avec l'eau, s'échappent par des trous ménagés dans ce but. Il ne reste plus qu'à recueillir l'amalgame; il est séparé en boules de la grosseur d'une pomme et fortement pressé à la main dans des peaux de chamois, d'où le mercure s'échappe en grande quantité au travers des fissures; mais il est encore loin d'avoir disparu tout à fait.

Pour y parvenir, on dépose ces boules sur des écuelles placées dans un four, où elles sont soumises à l'action d'une forte chaleur : le mercure se volatilise et, se dégageant complètement de l'or, va se refroidir à l'air extérieur, dans un récipient où il est recueilli afin de pouvoir servir encore. Voici donc l'or complètement libre :

il est aussitôt fondu en beaux lingots d'une valeur de 500 livres sterling, soit 12,500 francs.

Le mélange d'eau et de matières minérales, dont je parlais tout à l'heure et qui transporte l'or pulvérisé, est trois fois recueilli et trois fois soumis aux mêmes procédés, pour en extraire autant que possible tout le précieux métal qu'il contient. Après ces opérations, le sable est mis de côté et conservé : dans le cas où un nouvel accident arriverait à la mine, les travailleurs pourraient être utilement employés à en retirer la quantité d'or, relativement minime, qui y reste encore.

C'est l'eau qui meut toutes les machines, et comme elle est peu abondante, d'habiles ingénieurs l'ont savamment ménagée pour l'utiliser le plus possible. Aussi ne voit-on au premier abord, tout autour de soi, qu'un assemblage incompréhensible de rigoles, de charpentes, de roues gigantesques en mouvement continu.

Mais on se rend bien vite compte que le génie de l'homme est là, dirigeant toute cette apparente confusion... et l'on admire, une fois de plus, la science qui a fait trouver l'or là où il est invisible, et qui a su le séparer des matières au milieu desquelles la nature l'avait caché.

Comte Charles D'Ursel.

INDIGÈNE DU BRÉSIL.

www.ingramcontent.com/pod-product-compliance
Lightning Source LLC
Chambersburg PA
CBHW060600050426
42451CB00011B/2013